LE JALOUX CORRIGÉ,

OPÉRA BOUFFON,

EN UN ACTE.

REPRESENTÉ

POUR LA PREMIERE FOIS,

PAR L'ACADÉMIE ROYALE

DE MUSIQUE,

Le Jeudy premier Mars 1753.

L'on a parodié, dans cet Acte, dix Ariettes Italiennes, prises de la *Serva Padrona*, *du Joueur*, & *du Maître de Musique.*

AUX DÉPENS DE L'ACADÉMIE.

A PARIS, Chez la V. DELORMEL & FILS, Imprimeur de ladite Académie, rue du Foin, à l'Image Ste. Geneviéve.

On trouvera des Livres de Paroles à la Salle de l'Opéra.

M. DCC. LIII.

AVEC APPROBATION ET PRIVILEGE DU ROY.

ACTEURS CHANTANS.

M^r. ORGON, *Italien, marié à Paris.*	M^r. Manelli.
Mme ORGON, *Française, ſa Femme.*	Mlle. Victoire.
SUZON, *Italienne, amenée à Paris par M. Orgon, Suivante de Mme Orgon.*	Mlle. Tonelli.

La Scene eſt à la Maiſon de Campagne de M. Orgon, près de Paris.

PERSONNAGES DANSANS.

F O U X.

M^{rs}. Feuillade, Gobert.

Mlles. Marquife, Thierry.

MASQUES DE DIFFERENTS CARACTERES.

M^{rs}. Dupré, Defplaces, l.

Mlles. St. Germain, Defiré.

Matelots.	M^r. LANY, Mlle. LYONNOIS.
Arlequin.	M^r. Peat , Mlle. Ray.
Polichinelle.	M^r. Hyacinte , M^r. Laval.
Scaramouche.	M^r. Defplaces, c. Mlle. Labatte.
Pantalon.	M^r. Lelievre , Mlle. Ponchon.
Niais.	M^r. Gallini , Mlle. Chevrier.

LE JALOUX
CORRIGÉ,
OPÉRA BOUFFON,
EN UN ACTE.

SCENE PREMIERE.

M^r. O R G O N, *seul.*

Récitatif. **A**H! Pauvre Orgon, pauvre Orgon,
Qu'avoit-tu fais de ta raison,
Quand dans le printems de ton âge,
Tu donnas dans le mariage ?

Avec un cœur tendre & jaloux,
Etois-tu fait pour être Epoux ?

A iij

Ariette.   Se voir époux,
            Trop foible, & trop doux ;
                Se voir époux,
            Et des plus jaloux ;

            Se voir époux,
            Et des plus coucous ;
            Ce font trois coups
                A rendre tous
            Les fages fous.

                Se voir époux,
    Etre trop doux, trop doux, trop doux ;
                Se voir époux,
            Des plus jaloux,
            Des plus coucous ;
            Ce font trois coups
                A rendre tous
            Les fages fous.
                Etre époux,
            Trop foible, & trop doux ;
                Etre époux,
            Et des plus jaloux ;
                Etre époux ;
            Des plus coucous ;

                Etre jaloux,
            Des plus coucous,

Etre trop doux, trop doux, trop doux ;
Sont trois ; trois ; font trois coups, trois coups,
   trois coups
     A rendre tous
     Les fages fous.

Récitatif.

Depuis une heure, ou deux, je vois dans ma maifon,
   Rôder un petit agréable ;
   Il en veut à Madame Orgon,
Et ma femme, à coup fûr ; lui fera favorable,
   Suzon, fa fuivante Suzon
   Conduira cette intrigue aimable,
   Ah ! Quel état ? Que de raifons,
    Pour douter de ma femme !
   Ah Ciel ! Ah que de foupçons
    Agitent mon ame !

Ariette.   Dieu d'Hymen, Dieu trompeur,
    Tu promets le bonheur ;
   Par quel fort tous les maris
    Sont-ils l'objet des ris,
     Des mépris,
    Des ris, des ris,
    Et dés mépris ?
    A toi, quelle folie
   Nous lie, nous lie,

Hymen, Dieu fuborneur ,
  Dieu trompeur ?
     Par quel fort, &c.

  Dieu féducteur ,
 Dieu , trop flatteur ,
 Hymen trompeur ,
 Dieu fuborneur ,
 Perfide auteur
  Du deshonneur ,
A toi quelle folie
 Nous lie , &c.

 Moi , qui vivois , jadis ,
 Avec une maîtreffe ,
 Fidéle à ma tendreffe ,
Sans foibleffe , fans foibleffe ,
 Je me marie , & je fuis....
 Décemment, je ne puis
 Dire ce que je fuis.
    Dieu d'Hymen, &c.

Récitatif. Retirons nous ; je vois Suzon ,
 Qui vient, avec Madame Orgon ;
 Tâchons d'entendre leurs difcours,
 Et de découvrir ces amours. *Il fort.*

      SCENE

SCENE II.

Mme. ORGON, SUZON, *habillée du côté droit,*
en homme, & du côté gauche, en femme.

Récitatif. Mme. *ORGON.*

POur guérir de sa jalousie
Mon mari, pour qui seul je ressens de l'amour,
Sous l'habit d'un galant, tu me feras la cour;
C'est une fantaizie
C'est une niche; c'est un tour,
Que je me permets en ce jour,
Pour guérir de sa jalousie
Mon mari, pour qui seul je ressens de l'amour.

SUZON.

Sous cet habit de petit maître;
Nous allons le pousser à bout;
Nous le corrigerons peut-être;
Nous avons bien concerté tout;
Tout va bien; il faut qu'il expie
Le crime affreux d'être jaloux;
Je l'apperçois qui nous épie,
Je commence; songez à vous.

B

Mr. Orgon paroît de tems en tems dans la coulisse, pendant la fin de cette Scene ; & il marque son impatience & sa jalousie, parce qu'il ne voit Suzon que du côté qu'elle est en homme.

S U Z O N *tendrement à* Mme *Orgon.*

Quoi , vous m'aimez ?

Mme. O R G O N.

Oui , je vous aime ;
Et c'est la faute d'un époux,
Que j'eusse aimé , plus que moi-même ,
S'il n'avoit point été jaloux.

S U Z O N.

Quoi, vous m'aimez !

Mme O R G O N.

Oui, je vous aime.

S U Z O N *voulant baiser la main de* Mme *Orgon.*

Pourquoi retirer votre main ?
Quel est ce caprice inhumain ?

Ariette. Regnez , avec douceur ;
Sur votre serviteur ;
Bannissez-la rigueur ,
Objet enchanteur.

Regnez, &c.

à plusieurs reprises.

Vos yeux , votre langueur,
Cette aimable rougeur,
Jufqu'à votre pudeur ,
Tout me dit mon bonheur ,
Tout me dit mon bonheur ;
L'amour eft vainqueur ,
L'amour eft vainqueur.

Regnez, &c.

Récitatif. Mme O R G O N.

N'agiffez point, en tiran, fur mon ame :
N'abufez point des droits, qu'une trop vive flâme...
Pendant que Suzon lui baife la main.

Eh bien ?... Eh bien ? ... finirez vous ?
Ciel ! Que vois-je ! C'eft mon Epoux ?
Feignons de craindre fon courroux.

*Elle fort. Suzon fe retournant adroitement du côté
qu'elle eft en femme , fe retire peu à peu dans la couliffe ,
de laquelle elle couvre entierement le côté duquel elle eft
en homme. Mr Orgon cherche partout le Galant qu'il a
vû , & après avoir vifité & regardé dans toutes les
couliffes , il fe rapproche de Suzon lorfqu'elle commence
à chanter l'Arriette ; & il refte comme pétriffié d'éton-
nement & de douleur.*
S U Z O N à Mr O R G O N.

Récitatif. Bon ! le Galant a pris la fuite ?
Vous n'allez pas à fa pourfuitte ?

SCENE III.

Mr. ORGON, SUZON.

SUZON.

Ariette. EH quoi donc vous retournez,
    Avec un pied de nez ?
Eh quoi donc vous retournez
Eh quoi donc vous retournez
Avec un pied de nez, deux pieds de nez, trois
    pieds de nez ?

Suzon se retire après cette Ariette.

SCENE IV.

Mr. ORGON *seul.*

Récitatif. AA ! mon accablement
Fait place à ma colere ?
Vengeons-nous, dans ce moment,
De l'affront qu'on vient de nous faire.

Ariette :   Quelle est ma rage !
          Ah malheureux !
          Quel coup affreux !
          Ciel, tu le veux ?

Mon fort honteux
N'eft plus douteux ;
J'ai vu tes feux, tes feux , tes feux,

Pour ce morveux , pour ce morveux ; pour ce
morveux.

Eh quoi ! c'eft fous mes yeux ?
Eh quoi ? c'eft en ces lieux ?
Je perds courage ,
Ah malheureux !
Pour cet outrage ,
Suis-je affez vieux ?
Grands Dieux , Grands Dieux, Grands Dieux ,
Grands Dieux, oh Grands Dieux !
J'ai vû tes feux
Pour ce morveux ;
Tes feux, tes feux ; tes feux, tes feux.
Quelle eft ma rage !
Mon fort honteux ,
N'eft plus douteux ;
Oh Cieux !
Grands Dieux !
Oh Cieux !
Grands Dieux !
J'ai vû tes feux,
Mon fort honteux

N'eſt plus douteux ;
J'ai vû tes feux
Pour ce morveux,
Pour ce morveux,
Oh Cieux !....
Juſtes Dieux !

Pour ce morveux, pour ce morveux, pour ce
morveux.

Eh quoi ! c'eſt, &c.

Ne penſe pas que l'on m'endorme ;
Il faut, en forme,
Nous ſéparer,
Sans differer ;
Je ſuis à bout,
Redoute tout ;
Crains le courroux
De ton Epoux,
Crains, crains ; oui, crains, crains, crains un
jaloux ;
Je ſuis à bout
Redoute tout.
Quelle eſt ma rage, &c.

SCENE V.

Mme. ORGON, Mr. ORGON.

Mr. O R G O N.

Récitatif.

QUoi, perfide, avec affurance,
Vous ofez reparoître icy ?

Mme. O R G O N.

Monfieur Orgon, dans tout ceci,
Vous jugez trop fur l'apparence.

Mr. O R G O N.

Ariette.   Non, non, non,

Madame Orgon, Madame Orgon, Madame Orgon.
Non, je ne fuis point, non
Un autruche, un oizon,
Non ?
Un autruche, un oizon,
Non ?
Non, non,
Madame Orgon , &c.

Non pas; ...parbleu, non pas;
Car je vais, de ce pas,
Confulter, fur ce cas,

Nos meilleurs Avocats ,
Pour ne pas
Faire un faux pas
Non pas ;... parbleu , non pas ;
Non , je ne m'effraye pas
Des plus grands éclats.

Mme. O R G O N.

Récitatif : Ah ! Quel tapage ! Quel fracas !
Monfieur , prenez un ton plus bas.

Mr. O R G O N.

Ariette : Eh ! Pourquoi plus bas, plus bas , plus bas ?
Non pas, non pas, non pas ; non pas, non pas ;
Je veux faire du fracas....
Voyez qu'elle eft hardie ?
Quand je vois , par la mort ,
Ta perfidie ,
Ai-je fi fort
Tort ,
De vouloir crier fort ,
De crier fort ?
Et! Pourquoi, &c.

Mme. O R G O N.

Récitatif : Je calmerai ce grand courroux ,
Monfieur, fi par bonté pour vous ;

Je

Je daignois vous faire connoître
Ce Rival, qui vous rend jaloux ;
Que sçavez-vous ? eh ! c'est un pur esprit, peut-
être ; ....
C'est un Sylphe.........

Mr. ORGON.

Un Sylphe ? eh vous mocquez vous de nous ?
Pouvez-vous penser que je croye
Des contes de ma mere l'oye ?

Mlle. ORGON.

Croyez ce que vous avez vû.

Eh ! pouvez-vous croire impossible
Ce que vos yeux ont apperçu.

N'est-il pas devenu tout à coup invisible ,
Si-tôt que vous avez paru ?

Mais, pour vous rendre encor la chose plus sensible ,
Sans paroître , à l'instant , ce Sylphe répondra ,
Aux discours amoureux , que mon cœur lui tiendra.

Mr. ORGON.

Ce trait-là , ce trait-là.
Prouve bien qu'elle en tient-là.

Mlle. ORGON.

Pour ne vous laisser aucun doute ,

C

Mr. O R G O N,

Ecoutez.

Ah ! j'enrage ! Eh bien ! morbleu, j'écoute.

Pendant la ritournelle de l'Ariette qui suit Mr. &
M^{de}. Orgon paroissent se disputer d'abord tout bas.
Ensuite Mr Orgon cherche encore dans quel endroit a pû
se cacher le Galant; ce qui donne le tems à M^{de}. Orgon
d'aller dans l'aîle du Théâtre opposée , préparer Suzon
sur les réponses qu'elle doit faire en écho.

M^{de}. O R G O N.

Ariette. M'aimes - tu , comme je t'aime ?

S u z o n faisant l'écho.

Je t'aime.

M^{le}. O R G O N.

Ta tendresse est-telle extrême ?

S u z o n en écho.

Extrême.

M^{le} O R G O N.

Quoi tu languis, pour moi, d'amour ?

S u z o n,

D'amour.

M^{le}. O R G O N.

Répéte encor j'aime, j'aime.

S u z o n,

J'aime.

M^{le}. O R G O N.

Régne, en ce jour,
Amour, amour,
   Amour,

S u z o n.
Amour.

M^{le} O R G O N.

Amour,

S u z o n.
Amour.

M^{le}. O R G O N.

Il m'aime, comme je l'aime.

Suzon.
Je l'aime.

M^{de}. O R G O N.

Ecoutez : il dit de même,

S u z o n.
De même.

M^{le}. O R G O N.

Quoi tu languis, pour moi, d'amour ?

Suzon.
D'amour.

M^{le}. O R G O N.

Redi, cent fois, j'aime, j'aime,

Suzon.
J'aime.

M^{le}. O R G O N.

Régne, en ce jour,
Amour, amour,
Amour.

S u z o n.
Amour.

C ij

M^{de.} O R G O N.

Amour,

S U Z O N.

Amour.

M^{r.} O R G O N.

Récitatif.   Il a répondu ;
Qu'ai-je entendu !
Je reste confondu.

M^{le.} O R G O N.

Je vais plus faire encor ; je vais faire paroître
Ce rival, que vous haissez ;
Et vous le cherirez , peut-être ,
Quand vous viendrez à le connoître ,
Parroissez, Sylphe , parroissez.

SCENE VI ET DERNIERE.

SUZON, Mr. ORGON, M^{le.} ORGON.

M^{le.} O R G O N.

EH bien ! Eh bien , Monsieur Orgon ,
SUZON , se montrant habillée des deux façons.
Regardez, regardez, Suzon.

M^{le.} O R G O N.

Eh bien ! N'eſt-ce pas ſans raiſon,
Que Vous avez ici pouſſé la jalouſie,
Juſqu'à la frénézie ?
L'apparence ſouvent nous trompe, & nous déçoit ;
Il ne faut pas, toujours, croire ce que l'on voit.

S U Z O N, *à M^r.* O R G O N.

Nous vous avons joué la Comédie ;
Mais, prévoyant le dénoucment,
Et que la Piéce ſûrement,
De vous, Monſieur Orgon, ſe verroit aplaudie,
J'avois fait préparer un Divertiſſement,
Que je vais amener ici dans le moment.

Elle ſort.

D U O de M^r. & M^{le} O R G O N.

Ariette.   *M^{le.}* O R G O N.

D'une tendreſſe extrême,
Je t'aime,
Et tu m'aimes auſſi ;
Je t'aime ;
Vivons toujours ainſi.

M^r. ORGON. D'une tendreſſe, &c. *la même choſe.*

M^{de.} ORGON.   Hai ! Hai !
L'enfant dit-il bien vrai !

M^r. ORGON. Vrai, vrai, vrai, l'enfant dit vrai.

M^{le.} ORGON. Cher Orgon tu m'aimeras.

Mr. ORGON. N'en doute pas, n'en doute pas.

M^{le.} ORGON. Avec tranfport, je t'aime.

Mr. ORGON. Et je t'aime de même.

M^{le.} ORGON. Je t'aime.

Mr. ORGON.   Je t'aime.

Enfemble.   Grands Dieux ! Grands Dieux ! Pro-
                     longez nos amours.

M^{le.} ORGON. Tu m'aimeras fans ceffe.

Mr. ORGON.   Toujours.

M^{le.} ORGON.   D'une égale tendreffe.

Mr. ORGON.   Toujours.

M^{le.} ORGON. Sans ceffe !

Mr. ORGON. Toujours.

M^{le.} ORGON. Hai !
              L'enfant dit-il bien vrai, vrai !

Mr. ORGON. L'enfant dit vrai, vrai, vrai, l'enfant
                    dit vrai.

M^{le.} ORGON. Toujours tu m'aimeras !

Mr. ORGON. N'en doute pas,
              Jufqu'au trépas,
              N'en doute pas.

M^{le.} ORGON. Mon cher Mignon.

Mr. ORGON. Ma chere Orgon.

M^{le.} ORGON. Tu m'aimeras fans ceffe !

Mr. ORGON. Toujours.

Mlle. ORGON. D'une égale tendreffe !

M^r. ORGON.   Toujours.

Mlle. ORGON.   Oui !

M^r. ORGON.   Oui.

M^{le.} ORGON.   Toujours !

M^r. ORGON.   Toujours.

M^{le.} ORGON.   Toujours !

M^r. ORGON.   Toujours.

M^{le.} ORGON. Avec tranfport, je t'aime.

M^r. ORGON. Et je t'aime de même.

M^{le.} ORGON.   Mon Mignon.

M^r. ORGON.   Mon Tendron.

Enfemble.   Grands Dieux ! .... Faites que nos
            amours,
        Faites que nos amours,
        Durent toujours, durent toujours,

M^{le.} ORGON. Comme deux Tourterelles,
        Et tendres, & fidéles,
        Nous pafferons nos jours.

M^r. ORGON. Comme deux, &c. *la même chofe.*

M^{le.} ORGON. Vivons en Tourterelles.

M^r. ORGON. Vivons en Tourterelles.

M^{le.} ORGON.   Toujours,

Enfemble.   Toujours, toujours, toujours.
        Contents de nos amours.

DIVERTISSEMENT.

SUZON, revient à la tête des Danseurs.

La premiere Entrée est composée de Zanis Italiens, qui dansent la Chaconne, ensuite de laquelle Mr Orgon chante l'Ariette suivante.

Mr. ORGON, à SUZON.

Ariette du Rire.

Oh! oh! oh! oh! oh! oh! Quand je t'ai vû
    paroître
Oh! oh &c. En petit maître,
    Je n'ai pû te reconnoître;
    Pour le coup je croyois être
        Attrapé,
        Dupé,
        Trompé,
Eh! eh! eh! eh! eh! eh! Dupé, trompé, dupé.
Eh! eh. eh! &c. En voyant, oh! oh! &c. paroître.
    Ce petit maître,
    Je m'écriois, hélas je suis
    Du nombre des Epoux trahis
    Qu'on ne plaint guere en ce pays
Hi, hi, hi, &c.   En ce pays.
Mais à présent, je vois fort bien, très bien, fort bien,
    Qu'il n'en est rien; rien, rien,
              Ton

Ton Epoux, ton Epoux
N'eſt plus jaloux ;
Cela m'a bien changé, cela m'a changé, changé,..
M'a corrigé,
Eh! eh ! eh ! eh ! eh ! Que cela m'a bien changé !
Bien corrigé !
Oh! oh! oh ! &c.

On Danſe une Pantomime qui eſt ſuivie d'une Ariette
Italienne, chantée par SUZON.

IL Paſtor, ſe torna Aprile,
Non ramenta i giorni algenti,
D'all' ovile all'ombre uſate.
Riconduce i bianchi armenti,
E l'avene abbandonate
Fà di nuovo riſonar.

Il Nocchier, placato il vento,
Più non teme o ſi ſcolora ;
Mà contento in sù la prorà
Và cantando in faccia al mar.

AU retour du Printems le Berger ne ſe ſouvient plus des rigueurs de l'Hyver ; il fait ſortir le Troupeau de la Bergerie, le ramene à l'ombre, & fait raiſonner de nouveau le Chalumeau, qu'il avoit quitté.

Le Pilote, lorſque le calme a ſuccédé à la fureur des vents, ne pâlit plus, oublie toute crainte ; mais content & aſſis ſur la Prouë, il chante *en face de la mer.*

Les Danſes reprennent, & après que l'on a danſé l'air
du Vaudeville, on en chante les Couplets ſuivans :

SUZON.

I.   C'eſt un abus qui reſtera :
L'on a paſſé l'Amant aux femmes,
Pauvre Epoux, en vain tu déclames,
On te ſifflera.

D

Mais si tu restes bouche close,
Comme un Galant homme fera;
Et que tu prenes bien la chose,
    On te claquera.

Mlle. *O R G O N.*

II.   Tant que le bon ton durera,
A Paris, sans aucun scrupule,
Pour le plus mince ridicule,
    On vous sifflera;

Mais, du siécle suivant les traces,
Ayez, autant qu'il vous plaira,
De vices cachés sous des graces,
    On vous claquera.

Mr. O R G O N.

III.   Un Amant, qui ne connoîtra
De plaisir, & de bien suprême,
Qu'à rendre heureux l'objet qu'il aime,
    On le sifflera;

Mais, un homme à bonne fortune,
Qui, par caprice, poursuivra
Vingt femmes, sans en aimer une,
    On le claquera.

Et le Divertissement finit par une Contredanse.

L'Approbation est au Recueil des Intermedes.